Christoph Meister

Shareholder Value als Zielkonzept des strategischen Managements

GRIN Verlag

Bibliografische Information der Deutschen Nationalbibliothek:

Die Deutsche Bibliothek verzeichnet diese Publikation in der Deutschen National-
bibliografie; detaillierte bibliografische Daten sind im Internet über http://dnb.d-
nb.de/ abrufbar.

Impressum:

Copyright © 2007 GRIN Verlag GmbH
Druck und Bindung: Books on Demand GmbH, Norderstedt Germany
ISBN: 978-3-640-24857-5

Dieses Buch bei GRIN:

http://www.grin.com/de/e-book/120805/shareholder-value-als-zielkonzept-des-
strategischen-managements

GRIN - Your knowledge has value

Der GRIN Verlag publiziert seit 1998 wissenschaftliche Arbeiten von Studenten, Hochschullehrern und anderen Akademikern als eBook und gedrucktes Buch. Die Verlagswebsite www.grin.com ist die ideale Plattform zur Veröffentlichung von Hausarbeiten, Abschlussarbeiten, wissenschaftlichen Aufsätzen, Dissertationen und Fachbüchern.

Besuchen Sie uns im Internet:

http://www.grin.com/

http://www.facebook.com/grincom

http://www.twitter.com/grin_com

Shareholder Value als Zielkonzept des strategischen Managements

Seminar: „Strategisches Management"

an der
Wirtschafts- und Sozialwissenschaftlichen Fakultät der
Universität Hohenheim

Referent:

Betreuerin:

Bearbeiter: Christoph Meister

Ostfildern, 22. Dez. 2007

Inhaltsverzeichnis

1. Einführung

Die Debatte um Managergehälter gerät in letzter Zeit immer häufiger in die öffentliche Kritik. So äußerte sich Bundeskanzlerin Merkel auf dem CDU-Parteitag kritisch über die hohen Gehälter und Abfindungen von deutschen Managern[1]. Gleichzeitig bekräftigte sie, "die Höhe der Managergehälter und der Abfindungen sei Sache der Unternehmen und Ihrer Aufsichtsräte. Einen Maximallohn festzulegen, widerspreche der Vertragsfreiheit."[2] Schon die freiwillige Empfehlung der Cromme-Kommission über die Offenlegung von Vorstandsvergütungen führte 2006 erstmals dazu, dass Vorstandsbezüge im Geschäftsbericht von börsennotierten Aktiengesellschaften nun veröffentlicht werden müssen. Doch worin genau liegen die Gründe, dass das Aktiengesetz oder der "Deutsche Corporate Governance Kodex" die Ausgestaltung des Vergütungssystems von Vorstandsmitgliedern in die Hände der Aktionäre, also der Eigentümer, repräsentiert durch den Aufsichtsrat, legen[3]?

Ein Grund hierfür findet sich in der sog. Shareholder Value-Orientierung von Unternehmen, deren Ursprung auf das Buch des US-amerikanischen Wirtschaftswissenschaftlers *Alfred Rappaport* aus dem Jahr 1986 zurückgeht. Unter dieser versteht man dabei grob die Orientierung am Unternehmenswert als eine besonders für die Eigentümer eines Unternehmens wesentliche Quelle des Vermögens[4]. Der Auslöser der zunehmenden Fokussierung auf den Shareholder Value seitens der Unternehmen kann in den zahlreichen Übernahmen in Form von Mergers and Acquisitions Ende der 80er Jahre in den USA gesehen werden[5], aber auch in den finanzstarken Corporate Raidern, die an den Kapitalmärkten unterbewertete Unternehmen aufkauften, zerschlugen und die einzelnen Divisionen gewinnbringend verkauften[6]. Übernahmen bzw. Zerschlagungen resultieren hierbei stets aus einer Differenz zwischen aktuellem Börsenwert (im Fall von Aktiengesellschaften) und wirklichem Marktwert eines Unternehmens - sog. "Wertlücken". Dies zu verhindern versucht eine konsequent marktwerterhöhende Unternehmenspolitik.

---

[1] Vgl. Stuttgarter Zeitung vom 11.12. 2007, S. 2.
[2] Stuttgarter Zeitung vom 11.12. 2007, S. 2.
[3] Vgl. Deutsches Aktiengesetz (2007), § 87.
[4] Vgl. Von Düsterlho (2003), S. 5.
[5] Vgl. Wellner (2001), S. 100f.
[6] Vgl. hierzu und zum Folgenden Rappaport (1999), S. 1f.

Auch in Deutschland, allerdings erst im Verlauf der 90er Jahre, gewann die Orientierung am Shareholder Value zunehmend an Bedeutung[7]. Die Globalisierung und damit die zunehmende Internationalisierung der Unternehmen erhöhten auch bei europäischen Konzernen den Bedarf an Kapital. Aufgrund des steigenden Finanzierungsbedarfs seitens der expandierenden Unternehmen nahm nun auch der Wettbewerb am Markt für Eigenkapital zu. Nur (für Kapitalgeber) besonders attraktive Unternehmen, die ihren Eigentümern zu einer überdurchschnittlichen Steigerung des Wertes ihres angelegten Kapitals verhalfen, konnten dabei ihren Finanzierungsbedarf decken[8].

Der Bezug zur aktuellen Diskussion über deutsche Managergehälter liegt neben deren fixen Gehaltsbestandteilen insbesondere in den variablen Bezügen, wie denen aus Gewinnbeteiligungen und aktienbasierten Vergütungen. Gerade letztere stellen nämlich ein Anreizmittel auf der strategischen Implementierungs-ebene zur Verfolgung des übergeordneten Ziels einer Shareholder Value-Orientierung dar[9]. Mit diesem Thema werde ich mich allerdings in Kapitel 6 noch eingehender beschäftigen.

Die Arbeit ist im Folgenden derart aufgebaut, dass im zweiten Kapitel die Begriffe Shareholder und Shareholder Value definiert werden und das Konzept in das strategische Management eingeordnet wird. Außerdem soll kurz auf die rechnerische Ermittlung des Shareholder Value eingegangen werden.

Während Kapitel 3 sich mit der Abgrenzung des Shareholder Value-Ansatzes zum Stakeholder-Konzept befasst, beginnt mit Kapitel 4 der Hauptteil. Dieses leitet die Legitimation einer Wertorientierung aus einer theoretischen und einer praktischen Warte heraus ab. Hier geht die Arbeit besonders auf die Entstehung des Wertorientierungsgedankens und dessen Logik ein.

Eine Verknüpfung des Shareholder Value als Zielkonzept des normativen Managements mit Zielkonzepten des strategischen Managements findet im fünften Kapitel statt. Dabei ist zu unterscheiden zwischen Zielkonzepten auf Geschäftsfeldebene und solchen auf Unternehmensebene.

In Kapitel 6 wird ausgehend von der Principal-Agent-Theory auf die damit einhergehende Auseinandersetzung mit Anreizsystemen eingegangen und hierdurch der Hauptteil der Arbeit abgeschlossen. Insbesondere aufgrund der aktuellen Diskussion über die Höhe von Managergehälter und deren Offenlegung

---

[7] Vgl. Eckert (2004), S. 1ff.
[8] Vgl. Eckert (2004), S. 322f.
[9] Vgl. Von Düsterlho (2003), S. 190-194.

liegt eine Beschäftigung mit diesem Thema nahe, aber auch als Teil des strategischen Managements verdeutlicht das Vergütungssystem die konkretere Implementierung eines Zielkonzeptes auf Basis einer Shareholder Value-Orientierung und verknüpft somit Wert und Strategie.

Die vorliegende Arbeit schließt mit der Hervorhebung der Bedeutung des Shareholder Value als Zielkonzept und einer kritischen Würdigung.

2. Shareholder und Shareholder Value

2.1 Begriff und Definition

Unter Shareholder versteht man gemäß der Übersetzung aus dem Englischen die Anteilseigner bzw. Aktionäre, also die Eigentümer einer Aktiengesellschaft[10]. Der Shareholder Value versteht sich dann als das in der Regel in Aktien verkörperte Eigentümervermögen. Dabei ist noch zu unterscheiden zwischen Unternehmenswert und Shareholder Value. Während sich der Unternehmenswert aus dem Wert des Eigen- und Fremdkapitals zusammensetzt, umfasst der Shareholder Value lediglich den (Markt-) Wert des Eigenkapitals. Der Wert des Eigenkapitals - also letztendlich der Wert des Vermögens der Eigentümer des Unternehmens - konkretisiert sich zum einen in einer dem Risiko der jeweiligen Investition entsprechenden Verzinsung des eingesetzten Kapitals, zum anderen resultiert der Nutzen der Aktionäre aus dem Erzielen von Erträgen aus dem Unternehmen, die höher sind als Alternativanlagen[11].

Andere Autoren setzen den Marktwert des Eigenkapitals mit dem Unternehmenswert gleich, da dies der Preis für die vollständige Verfügungsmacht über ein Unternehmen darstellt[12]. Bei einer Aktiengesellschaft ist dies das Produkt aus Aktienkurs und der Anzahl an Aktien. Ziel ist es demnach, den Kurswert der Aktien und damit den Marktwert des Gesamtunternehmens zu maximieren.

Im Weiteren soll vom engeren Begriff des Shareholder Value als Marktwert des Eigenkapitals ausgegangen werden. Begründet wird dies unter anderem damit, dass die Ansprüche der Eigenkapitalgeber im Gegensatz zu denen der Fremdkapitalgeber und anderer Interessengruppen (siehe hierzu Kapitel 3) lediglich aus dem Residualgewinn des Unternehmens bedient werden und somit die Eigentümer als sog. Restbetragsbeteiligte unmittelbar am Geschäftsrisiko

---

[10] Vgl. hierzu und zum Folgenden Lötters/Rabbe (2007), S. 8ff.
[11] Vgl. Wellner (2001), S. 61.
[12] Vgl. hierzu und zum Folgenden Von Düsterlho (2003), S. 5.

teilhaben[13]. Sie unterscheiden sich also signifikant von den übrigen Interessengruppen (also auch den Fremdkapitalgebern) - den sog. Festbetrags-beteiligten.

"Der Shareholder Value-Ansatz beinhaltet alle Aspekte einer Unternehmens-führung, die sich langfristig am Aktionärsvermögen als Zielgröße ausrichtet."[14]

2.2 Einordnung im strategischen Management

Grundsätzlich lassen sich drei Aufgabenfelder des Managements unterscheiden: normatives, strategisches und operatives Management[15]. Das normative Manage-ment umfasst dabei das Entwickeln einer Vision und einer Mission, das Festlegen von grundsätzlichen Zielen sowie die Gestaltung der Unternehmensverfassung und der Unternehmenskultur. Da oben genannte Ziele von Personen (und damit Interessengruppen) an Unternehmen herangetragen werden und da wir den Shareholdern maßgeblichen Einfluss beimessen, kommen wir zu dem Schluss, dass eine Shareholder Value-Orientierung Bestandteil des normativen Managements ist. Oberstes Ziel ist also, den Shareholder Value zu maximieren.

Zunächst muss deshalb auf einer dem strategischen Management übergeordneten Ebene geklärt werden, welchem Legitimationsansatz (z.B. Shareholder- versus Stakeholder-Ansatz) gefolgt werden soll, bevor auf einer darunter liegenden Ebene konkrete Strategien, Strukturen und Systeme entwickelt werden können, mithilfe derer die unternehmerischen Ziele verwirklicht werden können[16].

Auch auf die Unternehmensverfassung soll hier kurz eingegangen werden. Diese regelt, "in welchem Umfang den verschiedenen Interessengruppen Einfluss-möglichkeiten auf die Entscheidungsprozesse des Unternehmens eingeräumt (werden, Anm. d. Verf.)."[17] Im Falle einer Aktiengesellschaft besteht die Unternehmensführung aus einem Gesellschafterorgan (Hauptversammlung), einem Führungsorgan (Vorstand) und einem Kontrollorgan (Aufsichtsrat).

Andere Autoren stellen beim Shareholder Value-Ansatz mehr auf strategische Aspekte ab und führen die wertorientierte Sichtweise neben markt- und ressourcenorientierter Sicht als Grundrichtung strategischer Führung an, die sich

---

[13] Vgl. hierzu und zum Folgenden Hungenberg (2006), S. 29.
[14] Lötters/Rabbe (2007), S. 10.
[15] Vgl. hierzu und zum Folgenden Hungenberg (2006), S. 23-27.
[16] Vgl. Hungenberg (2006), S. 29.
[17] Hungenberg (2006), S. 33.

auf zwei Ebenen konkretisiert: auf der Geschäftsfeld- und der Gesamtunternehmensebene[18].

Die Kapitel 5 und 6 werden sich eingehender mit der Verknüpfung zwischen Norm
und Strategie befassen.

2.3 Rechnerische Ermittlung

Eine gängige Methode, mithilfe derer der Shareholder Value berechnet werden
kann, stellt das sog. *Discounted-Cash-flow-Verfahren* (DCF-Methode), bei dem
zukünftige Cash Flows diskontiert werden, dar. Hierbei wird der den Eigen- und
Fremdkapitalgebern zustehende Zahlungsmittelüberschuss (Cash-flows) mit dem
gewichteten Kapitalkostensatz (WACC = Weighted Average Cost of Capital)
abgezinst, um den Gesamtwert des Unternehmens zu ermitteln (Entity oder
Enterprise Value). Nach Abzug des Marktwertes des Fremdkapitals ergibt sich der
Wert des Eigenkapitals (Equity Value)[19].

Zu den zentralen Größen gehören also neben den *zukünftig erwarteten
Zahlungsüberschüssen* die *Planungsperiode*, deren Dauer sich nach dem Lebens-
zyklus einer Investition und nach den jeweiligen Prognosemöglichkeiten richtet,
und schließlich die *Kapitalkosten*, mit denen die Cash-flows diskontiert werden
und die die interne Verzinsung des von den Eigentümern eingebrachten Eigenkapitals darstellen (bei Equity Value-Bezug)[20].

Zu beachten ist, dass es bei der DCF-Methode nicht um Gewinne, also um
Erträge und Aufwendungen, sondern um Ein- und Auszahlungen geht, die frei von
handels- und steuerrechtlich bedingten Verzerrungen sind[21]. Dies ist hier auch
insofern von Bedeutung, als dass es bei den oben angesprochenen Manager-
gehältern nicht um Gewinnbeteiligungen, die ja bilanziell beeinflussbar sind, geht,
sondern vielmehr um Beteiligungen an Unternehmenswertsteigerungen und bei
Akiengesellschaften damit an der Aktienentwicklung.

Neben der DCF-Methode gibt es noch eine Reihe weiterer Rechenansätze, um
den Shareholder Value zu berechnen, was aber den Rahmen dieser Arbeit
sprengen würde. Beispielhaft nennt die Literatur noch Verfahren wie den
Economic-Value-Added (EVA) von *Stern/Stewart*, den *Cash-flow Return on
Investment* oder den *Adjusted Present* Value, der auf *Meyers* zurückgeht.

---

[18] Vgl. Düsterlho (2003), S. 155ff.
[19] Vgl. Schulz (2006), Folie 150.
[20] Vgl. Bühner/Tuschke (1999), S. 12ff.
[21] Vgl. Bühner/Tuschke (1999), S. 13.

3. Abgrenzung zum Stakeholder-Konzept

Vielfach wird die monistische Ausrichtung des Shareholder Value-Ansatzes kritisiert, d.h. die alleinige Ausrichtung an Eigentümerinteressen. Von Gegnern wird deshalb angeführt, dass auch andere Anspruchsgruppen, wie zum Beispiel Mitarbeiter oder Kunden, eines Unternehmens berücksichtigt werden müssen. Aus diesen Forderungen entstand schließlich das sog. Stakeholder-Konzept.

Zu den Anspruchsgruppen zählen "...alle jene Personen, Gruppierungen, Interessengemeinschaften oder Institutionen innerhalb und außerhalb einer Unternehmung, die zum einen Beiträge zur Wertschöpfung erbringen und zum anderen daraus auch Ansprüche an die Unternehmung ableiten..."[22] Mögliche Stakeholder eines Unternehmens sind somit neben den Eigentümern auch das Management, Mitarbeiter, Fremdkapitalgeber, Lieferanten, Kunden, Staat und Gesellschaft[23].

Das Stakeholder-Konzept will letztlich die gleichwertige Berücksichtigung aller Anspruchsgruppen eines Unternehmens sicherstellen[24]. Eine Stakeholder-Analyse läuft dabei in drei Schritten ab: Zunächst werden alle potentiellen Anspruchsgruppen aufgelistet und in primäre und sekundäre Gruppen untergliedert. Danach werden sie anhand ihrer Ziel- und Machtstruktur und ihres Risikos charakterisiert, um schließlich durch eine entsprechende Gewichtung die Relevanz der jeweiligen Interessengruppe beurteilen zu können. Ziel ist es nun die Versorgung der Anspruchsgruppen - insbesondere der besonders kritischen - mithilfe der erwirtschafteten Wertschöpfung sicherzustellen.

Hier werden schon die Schwächen des Konzeptes deutlich: Erstens sind gerade die Eigentümer sehr kritische Stakeholder, ohne deren Finanzierungsinteresse ein Unternehmen gar nicht erst gegründet würde und die nur restbetragsbeteiligt sind und damit ein besonderes unternehmerisches Risiko tragen[25], zudem ist eine umfassende Berücksichtigung aller Ansprüche und der oft konfliktären Interessen schlicht nicht möglich, ohne dass dies zu Lasten einer oder mehrerer Anspruchsgruppen führen würde[26].

---

[22] Lötters/Rabbe (2007), S. 16.
[23] Vgl. Düsterlho (2003), S. 18.
[24] Vgl. hierzu und zum Folgenden Lötters/Rabbe (2007), S. 18-21.
[25] Vgl. Hungenberg (2006), S. 29f.
[26] Vgl. Lötters/Rabbe (2007), S. 25.

Während also der Shareholder-Ansatz operationale, monistische Ziele verfolgt, ist der Stakeholder-Ansatz eine nicht operationale, pluralistische Methode, die auf die Maximierung der Differenz zwischen den Anreizen und Beiträgen aller Gruppen abstellt[27].

Nach der Beschreibung des Shareholder Value-Ansatzes und dessen begrifflichen Abgrenzung wenden wir uns nun in einem zweiten Teil zunächst dessen theoretischen und praktischen Fundierung zu.

4. Theoretische und praktische Legitimation einer Wertorientierung

4.1 Der Wertorientierungsgedanke aus theoretischer Warte

Man kann ein Unternehmen als eine Koalition verschiedener Interessengruppen verstehen, wie wir beim Stakeholder-Konzept schon gesehen haben[28]. Diese beteiligen sich am Unternehmen, um ihre individuellen Ziele (besser) zu erreichen. In Abhängigkeit der jeweiligen Anreize und Beiträge lassen sich Individuen zu bestimmten Interessengruppen zusammenfassen. Mögliche Gruppen sind so beispielsweise die Eigentümer, die Mitarbeiter, Kunden, Lieferanten, usw.. Auf Basis ihres individuellen Nutzenkalküls fällen sie ihre Teilnahme- und Leistungs-entscheidung. Um die Differenz zwischen Anreizen und Beiträgen also möglichst groß zu gestalten, versuchen diese Gruppen Einfluss auf ein Unternehmen auszu-üben. Ihre jeweiligen Interessen dürften im Regelfall allerdings nicht übereinstimmen - es existieren also mitunter Zielkonflikte.

Grundsätzlich besagt ein marktwirtschaftliches Wirtschaftssystem, dass allein das Eigentum am Kapital eines Unternehmens zur Vorgabe von Zielen für das Unternehmen legitimiert[29]. Dieser Grundsatz basiert auf dem Prinzip des Privateigentums und sämtliche Verfügungsrechte werden dadurch in die Disposition der Eigentümer gelegt. Gerade in Deutschland, wo man ja von einer sozialen Marktwirtschaft spricht, kann dieses Prinzip aber nicht kompromisslos durchgesetzt werden, da man davon ausgeht, dass auch andere Interessengruppen - z.B. Mitarbeiter - durch ihre Beiträge quasi Eigentum am Unternehmen begründen. Doch sprechen zwei existentielle Gründe dafür, dass

---

[27] Vgl. Hungenberg (2006), S. 30.
[28] Vgl. hierzu und zum Folgenden Hungenberg (2000), S. 126-128.
[29] Vgl. hierzu und zum Folgenden Hungenberg (2000), S. 129f.

Eigentümer ein besonders schützenswertes Interesse am Unternehmen haben: Zum einen fließt ihnen (im Gegensatz zu allen übrigen Anspruchsgruppen) lediglich ein unsicheres Residuum zu, d.h. während z.b. Mitarbeiter vertraglich gesicherte Gehälter oder der Staat gesetzlich verankerte Steuern bezieht, hängen die Eigentümer vom risikobehafteten Rest der Verteilungssumme ab. Die Ausrichtung auf das Zielkonzept des Shareholder Value (statt auf das des Stakeholder Value) verdeutlicht außerdem die Tatsache, dass ohne das finanzielle Engagement seitens der Eigentümer ein Unternehmen gar nicht erst existieren könnte.

Das besonders schützenswerte Interesse der Anspruchsgruppe der Eigentümer und deren Macht zur Einflussnahme sind also der Grund dafür, warum die Unternehmensverfassung "...als das grundlegende Instrument zur Regelung von Kooperation und Konflikt im Unternehmen..."[30] auf das Zielkonzept des Shareholder Value ausgerichtet werden muss.

4.2 Der Wertorientierungsgedanke aus praktischer Warte

Eine Shareholder Value-Orientierung lässt sich allerdings auch unter praktischen Gesichtspunkten beleuchten. Wie wir weiter oben schon sehen konnten wurden die Unternehmen im Zuge zahlreicher Übernahmen und Zerschlagungen in den 80er und 90er Jahren quasi wachgerüttelt und zu mehr Wertorientierung gezwungen.

Es gibt allerdings noch weitere Vermutungen darüber, warum in den letzten Jahren immer mehr Äktionärsorientierung seitens der Unternehmen zu beobachten ist: So wird angeführt, aktienkursbezogene unternehmenspolitische Orientierung (hier im Falle Deutschlands) gehe auf die verstärkte Bedeutung ausländischer, insbesondere institutioneller Investoren und deren vorwiegend angelsächsische Kultur zurück[31]. Tatsache ist, dass die 30 größten deutschen börsennotierten Konzerne mit 53% nun erstmals mehrheitlich im Besitz ausländischer Investoren sind, zumal diese noch im Jahr 2005 zu lediglich einem Drittel in ausländischer Hand waren[32]. Auch wenn man dadurch nicht direkt auf eine kulturelle Einflussnahme auf die Unternehmenspolitik deutscher Aktiengesell-

---

[30] Hungenberg (2000), S. 133.
[31] Vgl. Eckert (2004), S. 315ff.
[32] Vgl. Sommer (2007), URL:
http://www.handelsblatt.com/news/default.aspx?_p=200038&_t=ft&_b=1367001 (Zugriff:
17.12.2007, 18:32 UTC).

schaften schließen kann, so kann man indes nicht leugnen, dass im Zuge dieser Entwicklung z.B. Unternehmenspräsentationen vor institutionellen Investoren (Roadshows) oder Einzelgespräche (one-on-ones)[33], internationale Rechnungs-legungsstandards zur besseren Vergleichbarkeit oder zusätzliche Jahres- und Quartalsberichte an Bedeutung zugenommen haben.

Ein zweiter Grund für die Legitimation des Wertsteigerungsgedanken aus Sicht der Praxis wird im Wirken von Wettbewerbsmechanismen auf dem Kapitalmarkt und dem Markt für die Kontrolle von Aktiengesellschaften gesehen[34]. So findet eine sich selbst steuernde Disziplinierung durch den Markt für Unternehmens-kontrolle dergestalt statt, dass aufgrund steigender Kapitalbedarfe seitens der Unternehmen der Wettbewerbsdruck auf den internationalen Kapitalmärkten steigt und durch das Streben nach erhöhter Attraktivität gegenüber Aktionären instinktiv eine Shareholder Value-Orientierung verfolgt wird. Darüber hinaus bewirkt eine unzureichende Orientierung an den Interessen der Aktionäre deren Abwanderung, wodurch letztlich negative Impulse auf den Aktienkurs entstehen. Dadurch erhöhen sich für ein Unternehmen dessen Eigenkapitalkosten und es erleidet Wettbewerbsnachteile für zukünftige Investitionen.

Wie wir sehen konnten, sprechen also viele Gründe und Mechanismen aus Theorie und Praxis dafür, warum die Orientierung am Shareholder Value in der Wirtschaft Verbreitung gefunden hat.

5. Ableitung von Strategien auf Geschäftsfeld- und Unternehmensebene

Die Festlegung auf eine Shareholder Value-Orientierung im Rahmen des normativen Managements ist auf einer zweiten, nachgeordneten Ebene in Form von Strategien zu konkretisieren[35].

Grundsätzlich existieren mehrere Sichtweisen strategischer Orientierung. So unterscheidet *Von Düsterlho* die marktorientierte, die ressourcenorientierte und die dem Shareholder Value-Konzept zugrunde liegende wertorientierte Sicht[36]. Während der markt- und ressourcenorientierte Ansatz wichtige Grundlagen für eine Strategieformulierung liefert, zielt der wertorientierte Ansatz auf die finanzielle Bewertung von Strategien ab. Dabei unterscheidet man Strategien auf zwei

---

[33] Vgl. Eckert (2004), S. 320.
[34] Vgl. hierzu und zum Folgenden Eckert (2004), S. 320ff.
[35] Vgl. Hungenberg (2006), S. 44.
[36] Vgl. hierzu und zum Folgenden Von Düsterlho (2003), S. 155-158.

Ebenen: solche auf Geschäftsfeldebene und solche auf Gesamtunternehmens-ebene.

5.1 Zielkonzepte auf Geschäftsfeldebene

Die *Maximierung des Geschäftsfeldwertes*, also der betriebliche Cash-flow der einzelnen Geschäftsfelder, steht hier im Mittelpunkt einer wertorientierten Unternehmensausrichtung[37]. Um den Wertsteigerungsgedanken weiter herunter zu brechen, greifen Unternehmen oft auf sog. *Werttreiber* zurück, die einzelne Komponenten des Geschäftsfeldwertes maßgeblich beeinflussen. Mögliche wert-treibende Faktoren können z.B. die Gewinnmarge, die Kapitalkosten oder Investitionen in das Anlage- und Umlaufvermögen sein. Diese (monetären) Wert-treiber beeinflussen über den Cash-flow und die Kapitalkosten den Geschäftsfeld-wert.

Neben diesen monetären Werttreibern stellt das Erzielen und Aufrechterhalten von komparativen *Wettbewerbsvorteilen* ein nicht monetäres Unterziel in Bezug auf das Ziel der Maximierung des Geschäftsfeldwerts dar[38]. Ein Unternehmen kann nur dann erfolgreich sein, wenn es die Bedürfnisse des Marktes erkennt und diese zu Kosten befriedigen kann, die unterhalb des erzielbaren Preises liegen. Neben dem Kostengesichtspunkt ist allerdings auch die relative Position zur Konkurrenz ausschlaggebend. Das eigene Produkt muss als der Konkurrenz überlegen eingestuft werden. Hierzu muss der Wettbewerbsvorteil von den Kunden wahrgenommen werden, für den Kunden wichtig und gegenüber der Konkurrenz verteidigungsfähig sein. Generell ist zwischen den generischen Strategien der Leistungsdifferenzierung und der Preisführerschaft zu unterscheiden. Zur erst-genannten zählen u.a. Strategien der Qualitätsverbesserung oder produkt-begleitende Dienstleistungen, zur zweiten Fixkostendegression oder Erfahrungs-kurveneffekte.

5.2 Zielkonzepte auf Unternehmensebene

Ausgangspunkt für die strategische Ausrichtung des Gesamtunternehmens ist die Unternehmenszentrale, die aus der obersten Unternehmensführung und deren

---

[37] Vgl. hierzu und zum Folgenden Hungenberg (2006), S. 79f.
[38] Vgl. hierzu und zum Folgenden Hungenberg (2006), S. 80ff.

Unterstützungseinheiten besteht[39]. Ihre Aufgabe ist es, das Unternehmen so zu führen, dass dieses seine Ziele erreicht. Ziele auf Gesamtunternehmensebene sind dabei denen der einzelnen Geschäftsfelder übergeordnet.

Im Mittelpunkt steht dementsprechend hier die *Maximierung des Unternehmenswerts*[40]. Eine allgemeine Größe zur Beurteilung des Unternehmenswerts stellt der *Marktwert* eines Unternehmens dar. Bei börsennotierten Unternehmen entspricht dieser dem Aktienkurs multipliziert mit der Anzahl der von einem Unternehmen emittierten Aktien. Der Marktwert eines Unternehmens als wesentliche Determinante des Unternehmenswerts ist also dem Shareholder Value gleichzusetzen. Steigt der Marktwert eines Unternehmens, wird Wert geschaffen, sinkt er, wird Wert vernichtet. Zu berücksichtigen sind allerdings noch die Dividendenzahlungen, die im Allgemeinen zu einem Abschlag im Aktienkurs führen. Berücksichtigung findet dieser Umstand aber in der Maßgröße des sog. "Total Return to Shareholders".

Da aber viele Unternehmen gar nicht an Aktienmärkten gelistet sind und sich Effekte verschiedener Strategiealternativen auf den Aktienkurs nicht im Voraus sicher abbilden lassen, ist der Marktwert kein geeignetes Maß für die Beurteilung und Auswahl von Strategien[41]. Vielmehr geht man davon aus, dass sich der Unternehmenswert aus zwei Teilen zusammensetzt: dem summierten Wert der einzelnen Geschäftsfelder und dem der Unternehmenszentrale. Letzterer versteht sich "...als Differenz der positiven und negativen (zahlungswirksamen) Effekte, die durch die Zusammenfassung von Geschäftsfeldern in einem Unternehmen und ihre Führung durch eine gemeinsame Unternehmenszentrale entstehen..."[42] Gemeint sind also positive Effekte wie beispielsweise das Nutzen von Synergien zwischen Geschäftsfeldern oder negative Effekte wie z.B. die Beeinträchtigung der Flexibilität von Geschäftsfeldern. Die Maximierung des Unternehmenswerts konkretisiert sich folglich in der *Maximierung des Wertbeitrags der Unternehmenszentrale*. Notwendige Bedingung hierfür ist die Forderung nach Kosten, die den Nutzen aus der Integrationsleistung der Zentrale nicht übersteigen. Hinreichende Bedingung dagegen die Notwendigkeit, dass der Wertbeitrag für jedes einzelne Geschäftsfeld größer sein muss, als der Beitrag, den alternative Unternehmenszentralen leisten könnten. Diese Anforderung bezeichnet die Literatur als das Konzept des "parenting advantage" und beschreibt gewissermaßen den

---

[39] Vgl. hierzu und zum Folgenden Hungenberg (2006), S. 397-400.
[40] Vgl. hierzu und zum Folgenden Hungenberg (2006), S. 400f.
[41] Vgl. hierzu und zum Folgenden Hungenberg (2006), S. 401ff.
[42] Hungenberg (2006), S. 402.

Wettbewerbsvorteil der Unternehmenszentrale als Eigentümer verschiedener Geschäfte. Überlegungen wie das Zusammenfassen vormals konkurrierender Einheiten oder die Integration vor- bzw. nachgelagerter Wertschöpfungsstufen spielen hier eine Rolle. Das oben angesprochene Corporate Raider-Phänomen der 80er Jahre geht auf dieses Konzept zurück, wobei die betroffenen Unternehmenszentralen entsprechend keinen optimalen Wertbeitrag leisten konnten.

Im Folgenden soll nun eine konkrete Strategie, die Anreizgestaltung für Mitarbeiter, zur Verfolgung des Shareholder Value-Prinzips kurz vorgestellt werden.

6. Anreizgestaltung als besondere Herausforderung von Principal-Agent-Beziehungen

Gerade bei Aktiengesellschaften ergibt sich das Problem der Trennung zwischen Eigentum am Unternehmen und dessen Führung[43]. Die Aktionäre (Prinzipale) übertragen die Führung des Unternehmens dem Management und damit den Führungskräften (Agenten). In der Regel streben beide Parteien nach individueller Nutzenmaximierung, deren Konkretisierung in der Regel voneinander abweichen dürfte. Die unterschiedliche Risikoneigung stellt hier, neben vielen weiteren, nur eine Art des Zielkonfliktes dar. Dieses Problem wird dadurch verschärft, dass die Führungskräfte als Insider über spezifischere Informationen verfügen als die außen stehenden Aktionäre. Dies subsumiert die Literatur unter dem Begriff der Informationsasymmetrie. Es gibt generell zwei Möglichkeiten, die Agenten auf die Interessen der Prinzipale auszurichten: zum einen die *Überwachung* der Führungskräfte durch die Aktionäre, repräsentiert durch den Aufsichtsrat als Kontrollorgan (siehe oben), zum andern durch die *vertragliche Verknüpfung* der Zielerreichung der Agenten mit der Zielerreichung der Prinzipale. Die vertragliche Verknüpfung der Zielerreichung wird in erster Linie durch die Entlohnung der Führungskräfte realisiert und soll nach *Hungenberg* drei Anforderungen genügen: Die Anreizgestaltung sollte mit dem Shareholder Value verknüpft sein, auf die langfristige Ausrichtung des Unternehmens zielen und die Wahrnehmung von Marktchancen bzw. die Förderung von Innovationen begünstigen.

---

[43] Vgl. hierzu und zum Folgenden Hungenberg (2000), S. 135-137.

Generell unterscheidet man fixe Anreize (Gehalt, Zusatzleistungen), die sich aus dem Markt heraus ergeben, und variable Anreize (variable Bonuszahlungen, Kapitalbeteiligungen), die von der Leistung im Unternehmensinteresse abhängen[44]. Während aber gewinn- und ausschüttungsorientierte Bonusmodelle aufgrund ihrer Kurzfristigkeit und deren Manipulierbarkeit durch das Rechnungswesen nicht Shareholder Value-konform sind[45], greift man zur Überwindung des Prinzipal-Agenten-Problems zwischen Eigentümern und Führungskräften bevorzugt auf eigentümerwertorientierte Bemessungsgrundlagen zurück. Die Literatur nennt hierzu verschiedene Ansatzpunkte, wie den Economic Value Added (EVA), den Shareholder Value Added (SVA), den Residualgewinn, Kapitalbeteiligungen, etc.[46]. Zunehmende Bedeutung erlangten in der Vergangenheit aber vor allem Aktienoptionsprogramme (bei börsennotierten Unternehmen), sog. "Stock Option Plans"[47]. Diese ermöglichen Führungskräften, innerhalb eines bestimmten Zeitraums Aktien ihres Unternehmens zu einem vorab fixierten Preis zu erwerben, wobei sich dieser meist am Kurs der Aktie zum Zeitpunkt der Optionsausgabe orientiert und ein mindestens geforderter Wertzuwachs der Aktie aufgeschlagen wird. Durch die Aussicht auf einen gewinnbringenden Verkauf der Aktien werden Führungskräfte zu einer kontinuierlichen Steigerung des Aktienkurses motiviert. Durch Stock Options wird also nicht nur eine Verknüpfung, sondern darüber hinaus die Identität der Interessen von Eigentümern und Managern hervorgerufen.

Man darf in diesem Zusammenhang allerdings nicht die vielfältigen Probleme ausklammern, die mit Shareholder Value-orientierten Anreizkonzepten im Allgemeinen und Aktienoptionen im Speziellen verbunden sind[48]. Generell sind deshalb die *Beeinflussbarkeit* der wertorientierten Bemessungsgrundlagen sicherzustellen, wie auch deren *Verständlichkeit*, *Manipulationsfreiheit* und *Verzerrungsfreiheit*. Was die einzelnen Entlohnungsfunktionen betrifft, so sollten diese (v.a. bei Führungskräften mit operativer Verantwortung) neben finanziellen auch nicht finanzielle Bemessungsgrundlagen beinhalten und sowohl Individual- als auch Teamleistung honorieren. Spezifische Problembereiche bei Stock Options sind zum einen in nicht durch die Führungskraft beeinflussbaren Zufallsgewinnen bzw. -verlusten im Rahmen allgemeiner Marktentwicklungen zu sehen, zum anderen in

[44] Vgl. Hungenberg (2006), S. 360.
[45] Vgl. Von Düsterlho (2003), S. 191.
[46] Vgl. Rappaport (1999), S. 141ff.
[47] Vgl. hierzu und zum Folgenden Hungenberg (2006), S. 364-366 bzw. Rappaport (1999), S. 134ff.
[48] Vgl. hierzu und zum Folgenden Ebeling (2007), S. 123-130.

der Beeinflussung des Aktienkurses durch gezielte Kommunikationsmaßnahmen und die Gestaltung der Rechnungslegung des Unternehmens[49]. Lösungsansätze bieten die Orientierung der Unternehmenskursentwicklung an einem Branchen- oder Gesamtmarktindex und die Begrenzung des durch ein Optionsprogramm erzielbaren Ertrags bzw. die Verteilung der Ausschüttung auf mehrere Jahre.

7. Bedeutung und kritische Würdigung des Shareholder Value als Zielkonzept

Lebhafte Diskussionen über das Für und Wider des Shareholder Values als Ziel-konzept des strategischen Managements prägen Wissenschaft und Praxis gleichermaßen. Einer der bekanntesten Kritiker des Ansatzes ist wohl *Fredmund Malik*, Titularprofessor der Universität St. Gallen. In zahlreichen Ver-öffentlichungen kritisiert *Malik* die Vorstellung, Wertsteigerung müsse das Ziel, gar der oberste Zweck eines Unternehmens sein[50]. Stattdessen sei die implizite Existenzberechtigung eines Unternehmens, auf den sog. Customer Value ausgerichtet zu sein und hierzu die Maxime der Wettbewerbsfähigkeit zu verfolgen. In einem Aktienkurs spiegle sich lediglich Naivität, Gier und Angst der Anleger wider. Shareholder Value diene nicht dem Zwecke des Handelns für Unternehmen, also dessen Führung, sondern dem Handel mit Unternehmen. Der Zweck der Aktionäre würde also fälschlicherweise mit dem des Unternehmens gleichgesetzt.

In die gleiche Richtung geht die von *Helmut Sihler* geäußerte Kritik, die Shareholder Value-Orientierung führe zu einer Zweckentfremdung des Unternehmens, indem die Leistungsfähigkeit eines Unternehmens nur noch Mittel zum Zweck der eigentlich sekundären Tatsache ist, dass hierdurch der Wert eines Unternehmens gesteigert wird[51].

Gegen diese Kritik lässt sich anführen, dass es letztlich zur Haarspalterei führt, würde man Unternehmensverfassungen auf einzelne Wortlaute hin untersuchen. Schließlich kommt es nicht darauf an, ob nun der Customer Value oder der Shareholder Value den generischen Zweck eines Unternehmens darstellen, da in einer Marktwirtschaft schlicht das eine nicht ohne das andere Ziel erreicht werden kann.

---

[49] Vgl. hierzu und zum Folgenden Hungenberg (2006), S. 365f.
[50] Vgl. hierzu und zum Folgenden Malik (2001), URL: http://www.manager-magazin.de/koepfe/mzsg/0,2828,166128,00.html (Zugriff: 06.11.2007, 10:49 UTC).
[51] Vgl. Sihler (2000), S. 144ff.

Ein weiterer Kritikpunkt stellt die einseitige Konzentration auf Eigentümer-interessen dar, was den vielfältigen Ansprüchen und Einflüssen der Umwelt auf ein Unternehmen widerspricht[52].

Bei einer Shareholder Value-Orientierung aber kommt man ja gerade durch die Fokussierung auf Wertsteigerung nicht umhin, alle relevanten Anspruchsgruppen zu berücksichtigen, die für den Erfolg des Unternehmens unverzichtbar sind[53]. Zudem werden besonders schützenswerte Ansprüche, wie die von Mitarbeitern, ohnehin in Gesetzen geregelt oder durch Gewerkschaften organisiert. Das Stakeholder-Konzept ist aber schon aus Praktikabilitätsgründen in Form sich überschneidender, kaum einschätzbarer Stakeholder-Interessen nicht vernünftig umsetzbar.

Schließlich gewährleistet die Orientierung am Shareholder Value die Anwendung eines finanztheoretisch fundierten Konzepts, was Grundlage für eine rationale Strategiewahl ist und zudem eine langfristige Zukunftsorientierung ermöglicht[54].

8. Fazit

Wie wir sehen konnten, sind (angeblich) überzogene Managergehälter also ein Resultat des großen variablen Anteils des Einkommens von Topmanagern. Ansonsten hätte beispielsweise Post-Chef Klaus Zumwinkel nicht gerade sein Gehalt durch den Verkauf von Aktienoptionen mit 100%igem Gewinn um zwei Millionen Euro aufbessern können[55]. Entlohnungssysteme mit hohem variablem Anteil wiederum sind Resultat von Shareholder Value-orientierten Zielkonzepten auf strategischer und schließlich normativer Ebene. Der Shareholder Value-Ansatz ist seinerseits das Resultat der rechtlichen Verankerung von Eigentümer-interessen in Form des Prinzips des Privateigentums und Resultat marktlicher Allokationsprozesse. Ein aggressives Eingreifen des Staates in diesen Prozess in Form gesetzlicher Beschränkung von Gehältern wäre also nicht marktwirtschaft-lich vertretbar. Deutschland lebt aber in einer sozialen Marktwirtschaft. Deshalb schließe ich diese Arbeit mit einem Zitat von *Helmut Sihler*: "Marktwirtschaft und in ihr 'Shareholder Value' sind Motor. Aber Marktwirtschaft ohne soziale Kom-ponente, also ohne Berücksichtigung berechtigter Interessen aller Stakeholder und vor allem der Mitarbeiter wäre ein Rückschritt." (Sihler 2000, S. 148)

---

[52] Vgl. Lötters/Rabbe (2007), S. 14f.
[53] Vgl. hierzu und zum Folgenden Sihler (2000), S. 147.
[54] Vgl. Lötters/Rabbe (2007), S. 14.
[55] Vgl. Stuttgarter Zeitung vom 11.12.2007, S. 2.

Literaturverzeichnis

Bühner, R., Tuschke, A. (1999): Wertmanagement - Rechnen wie ein Unternehmer, in: Wertorientierte Steuerungs- und Führungssysteme: Shareholder Value in der Praxis, Hrsg. R. Bühner, K. Sulzbach, Stuttgart 1999.

Deutsches Aktiengesetz (2007): Grundsätze für die Bezüge der Vorstands-mitglieder, Stand: 24.04.2007, § 87.

Ebeling, C. (2007): Erfolgsfaktoren einer wertorientierten Unternehmensführung, Wiesbaden 2007.

Eckert, S. (2004): Aktionärsorientierung der Unternehmenspolitik: Shareholder Value - Globalisierung - Internationalität, Wiesbaden 2004.

Hungenberg, H. (2000): Kooperation und Konflikt aus der Sicht der Unternehmensverfassung, in: Unternehmung, Gesellschaft und Ethik: Erfahrungen und Perspektiven, Hrsg. H. Hungenberg, B. Schwetzler, Wiesbaden 2000.

Hungenberg, H. (2006): Strategisches Management in Unternehmen: Ziele - Prozesse - Verfahren, 4. Aufl., Wiesbaden 2006.

Lötters, F., Rabbe, S. (2007): Shareholder-Management versus Stakeholder-Management: ein Vergleich deutscher und US-amerikanischer Unternehmen, Saarbrücken 2007.

Malik, F. (2001): Wofür Wertsteigerung?, http://www.manager-magazin.de/koepfe/mzsg/0,2828,166128,00.html, 06.11.2007.

Rappaport, A. (1999): Shareholder value: ein Handbuch für Manager und Investoren, 2. Aufl., Stuttgart 1999.

Schulz, W. (2006): Shareholder Value-Ansatz versus Stakeholder-Ansatz, in: Skript ABWL V: Unternehmenspolitik, Universität Hohenheim Sommersemester 2006, Folien 149-160.

Sihler, H. (2000): Shareholder Value versus Stakeholder Value, in: Unternehmung, Gesellschaft und Ethik: Erfahrungen und Perspektiven, Hrsg. H. Hungenberg, B. Schwetzler, Wiesbaden 2000.

Sommer, U. (2007): Deutsche Firmen in fremder Hand, http://www.handelsblatt.com/news/default.aspx?_p=200038&_t=ft&_b=1367001, 17.12.2007.

Stuttgarter Zeitung (Hrsg.) (2007): Managergehälter werden nicht per Gesetz begrenzt - Veröffentlichungspflichten für die Vergütung haben Mängel, 11.12.2007, S. 2.

Von Düsterlho, J. (2003): Das Shareholder-Value-Konzept: Methodik und Anwendung im strategischen Management, Wiesbaden 2003.

Wellner, K. (2001): Shareholder-Value und seine Weiterentwicklung zum market adapted Shareholder-Value approach: Entwicklungslinien, Probleme und Lösungsansätze einer Shareholder-value-orientierten Unternehmensführung, Marburg 2001.